ISBN 3-86122-756-8

Alle Rechte vorbehalten

Text Copyright © 2004 Lois Rock

Illustrations copyright © 2004 Anthony Lewis

Original edition published in English under the title

"A Child's First Story of Jesus" by Lion Hudson plc, Oxford, England

Copyright © Lion Hudson plc 2004

© der deutschsprachigen Ausgabe

2005 by Verlag der Francke-Buchhandlung GmbH

35037 Marburg an der Lahn

www.francke-buch.de

Deutsch von Cornelia Rohleder

Satz: Verlag der Francke-Buchhandlung GmbH

Printed and bound in Singapore

Komm, entdecke Jesus

Lois Rock ✶ Anthony Lewis

Inhaltsverzeichnis

Jesus wird geboren   7
    Die wichtige Botschaft des Engels   8
    Das Baby von Bethlehem   12
    Die weisen Männer und ihre Geschenke   16

Jesus wächst heran   21
    Passah in Jerusalem   22

Jesus verlässt Nazareth   27
    Johannes der Täufer   28
    Jesus in der Wüste   30
    Jesus in der Synagoge   32
    Jesus in Kapernaum   34
    Die Neuigkeiten verbreiten sich   36
    Nachfolger und Jünger   38

Jesus und die Wunder   41
    Das Loch im Dach   42
    Der Sturm auf dem See   46
    Jairus und seine Tochter   50
    Genug zu essen für fünftausend Menschen   56
    Ein wunderbares Zeichen   60

Wie man Jesus nachfolgen kann   63
    Wie ein kleines Kind   64
    Die Folgen überdenken   66
    Harte Arbeit   68
    Bereit zum Zuhören   70

Jesus, der Lehrer   73
    Wirkliches Glück   74
    Liebt eure Feinde   76
    Hören und Handeln   78
    Die Geschichte vom guten Samariter   80
    Jesus betet   86
    Die Geschichte vom verlorenen Schaf   90
    Die Geschichte vom liebenden Vater   94

Der Weg zum Kreuz   99
    Auf dem Weg nach Jerusalem   100
    Zachäus   102
    Die Ankunft in Jerusalem   104
    Die letzte Mahlzeit   108
    Petrus   112
    Verurteilt   114
    Gekreuzigt   116

Die Auferstehung   119
    Sonntagmorgen   120

Jesus wird geboren

Die wichtige Botschaft des Engels

Lukas 1,26-45

Die Geschichte von Jesus begann vor ungefähr 2000 Jahren in einem kleinen Land am Mittelmeer. Es war ein fruchtbares Land, in dem die Menschen Getreide und Flachs, Weintrauben und Oliven anpflanzten. Die Hügel waren grün, wenn der sanfte Winterregen auf sie herabfiel, und im langen, heißen Sommer leuchteten sie wie ein Meer von bunten Blumen. Die Hirten ließen ihre Schafe dort weiden. Das Volk der Juden, aus dem Jesus stammte, bewohnte dieses Land. Aber in der Zeit, als Jesus lebte, herrschten die Römer über das Land. Es war ein kleiner Teil ihres riesengroßen Römischen Reiches.

Die Römer hatten einen Juden bestimmt, der der König sein sollte. Sein Name war Herodes, und er wohnte in einem großen Palast in der Hauptstadt Jerusalem. Er war hinterlistig und böse, aber er hatte für die Juden einen wunderschönen neuen Tempel bauen lassen. Die Pharisäer, die religiösen Anführer der Juden, waren von dem Gebäude sehr beeindruckt. Sie sagten den Juden, dass sie Gott hier im Tempel in Jerusalem anbeten sollten – genau nach den Regeln und Gesetzen, die die Pharisäer aufgestellt hatten.

Im Norden des Landes lag die Gegend Galiläa. Mitten in den Hügeln lag die kleine Stadt Nazareth. Die Flachdächer der Häuser leuchteten weiß neben grünen Weiden und goldenen Getreidefeldern. Hier in Nazareth lebte Maria, eine junge Frau. Sie freute sich sehr auf ihre Hochzeit mit Josef.

Eines Tages sandte Gott den Engel Gabriel mit einer Nachricht zu Maria.

„Friede sei mit dir!", sagte der Engel. „Gott hat dich ausgewählt, um ein Baby zur Welt zu bringen. Du sollst es Jesus nennen."

Maria war sehr erschrocken. Wer war dieser Besucher? Was bedeutete diese Nachricht? Es schien ihr alles völlig unverständlich zu sein.

„Das kann nicht stimmen", antwortete sie. „Ich bin doch noch nicht verheiratet!"

„Vertraue Gott, er hat dich für seinen Plan auserwählt", sagte Gabriel. „Dein Baby wird Gottes Sohn sein."

Die wichtige Botschaft des Engels

Maria schüttelte den Kopf, denn sie konnte es immer noch nicht glauben.

„Denk an deine Verwandte Elisabeth", sagte der Engel. „Jeder hat gesagt, sie sei schon längst zu alt, um ein Baby zu bekommen. Und jetzt hat Gott sie gesegnet, und sie ist schwanger."

Ja, das stimmte, daran erinnerte sich Maria.

Sie dachte nach. Dann sagte sie: „Ich bin bereit, Gott zu dienen."

Bald nachdem der Engel ihr die Nachricht überbracht hatte, wurde Maria schwanger. Sie besuchte ihre Verwandte Elisabeth, um ihr die Neuigkeiten zu erzählen. Elisabeth freute sich sehr darüber, und auch Maria war glücklich.

Das Baby von Bethlehem

Lukas 2,1-20

Im fernen Rom hatte der mächtige Kaiser Augustus sehr wichtige Befehle aufgeschrieben. Die Briefe mit diesen Befehlen sollten in allen Teilen seines Reiches vorgelesen werden.

In Nazareth, wie in unzähligen anderen Städten, redete jeder über diese Botschaften des Kaisers.

„Wir müssen alle unsere Namen auf einer Liste eintragen. Der Kaiser hat eine Volkszählung angeordnet."

„Er will bestimmt wissen, wie viele Steuern er von uns eintreiben lassen kann. Das ist der einzige Grund, warum er sich für uns interessiert!"

Josef erzählte Maria die Neuigkeiten. Obwohl sie schwanger war und er nicht der Vater ihres Baby war, hatte Josef Maria trotzdem geheiratet. Auch Josef vertraute Gottes Plan.

„Wir müssen in die Stadt gehen, aus der meine Familie stammt, um uns dort aufschreiben zu lassen", erklärte Josef. „Das bedeutet, dass wir nach Bethlehem gehen müssen."

Das Baby von Bethlehem

Sie machten sich zu Fuß auf den Weg. Die Reise dauerte mehrere Tage. Es war sehr anstrengend für Maria, denn ihr Baby sollte bald zur Welt kommen.

Sie war bestürzt, als sie in Bethlehem ankamen: Es gab kein freies Zimmer mehr, weil so viele Menschen unterwegs waren.

„Wir müssen uns damit abfinden", sagte Josef. „Das Einzige, was ich für uns finden konnte, ist ein Stall."

Und in diesem Stall kam Marias Sohn zur Welt. Sie wickelte

ihn in Stofflappen und legte ihn in die Futterkrippe der Tiere, damit er schlafen konnte.

Auf einem Hügel in der Nähe waren Hirten, die ihre Schafe bewachten. Plötzlich sahen sie einen strahlenden, leuchtenden Engel vor sich. Die Hirten erschraken sehr und hatten Angst.

„Fürchtet euch nicht!", sagte der Engel. „Ich bringe euch eine gute Neuigkeit: Heute wurde in Bethlehem ein kleiner Junge geboren. Er ist Gottes Sohn, durch den Gott euch und alle Menschen erretten will! Ihr findet ihn in einem Stall in einer Futterkrippe, in Stofflappen gewickelt."

Auf einmal erschienen unzählige Engel aus der Dunkelheit und riefen: „Ehre sei Gott im Himmel und Friede auf Erden!" Dann verschwanden sie.

Das Baby von Bethlehem

Erstaunt sahen sich die Hirten an.

„Wir müssen sofort losgehen", sagte einer. „Wir müssen herausfinden, ob das stimmt!"

Sie rannten nach Bethlehem. Und bald fanden sie Maria und Josef und das Baby in der Futterkrippe, genau so, wie der Engel es ihnen gesagt hatte. Die Hirten erzählten Maria alles, was sie erlebt hatten.

Die weisen Männer und ihre Geschenke

Matthäus 2,1-15

In einem Land sehr weit im Osten war der Nachthimmel übersät mit glitzernden Sternen. Einige weise Männer blickten in den Himmel, um die Sterne zu beobachten.

„Seht nur diesen Stern dort drüben!", sagte einer von ihnen. „Ich glaube, das ist das Zeichen, dass ein neuer König geboren wurde – ein König, der so groß und mächtig ist, dass wir ihn besuchen und anbeten sollten."

Die anderen starrten ebenfalls in den Himmel. Sie konnten den leuchtenden Stern erkennen.

„Du hast zweifellos Recht", stimmten sie zu. Und sofort begannen sie, Pläne für eine Reise zu schmieden. Bald schon waren sie auf dem Weg.

Zuerst reisten die weisen Männer in die Hauptstadt Jerusalem, wo König Herodes in einem gut bewachten Palast wohnte.

„Könnt ihr uns sagen, wo wir den neugeborenen König

finden können?", fragten die weisen Männer die Menschen in der Stadt.

Ein paar von Herodes' Spionen, die auf der Straße die Menschen belauschten, hörten diese Frage. Als sie dem König davon berichteten, erschrak er sehr und wurde wütend.

„Bringt mir die Priester! Sie sollen mich beraten!", befahl er.

Sofort erschienen seine Ratgeber.

„Irgendwo in den heiligen Schriften steht etwas davon, dass Gott einen König senden wird", sagte Herodes. „Ich will mehr darüber wissen: Wo soll dieser König zur Welt kommen?"

„In Bethlehem", antworteten die Ratgeber. „Wir können dir die Stelle in den Schriften vorlesen."

Herodes kniff die Augen zusammen und hörte sehr genau zu. „Ich verstehe", sagte er dann. „Nun bringt mir diese Sterndeuter her, die nach dem König gefragt haben."

In einem Geheimtreffen stellte Herodes den weisen Männern viele Fragen. Dann gab er ihnen einen Befehl: „Geht nach Bethlehem! Dort, so sagen unsere heiligen Schriften, wird ein großer König geboren werden. Wenn ihr ihn findet, dann kommt zurück und sagt mir Bescheid, dann kann ich auch dorthin

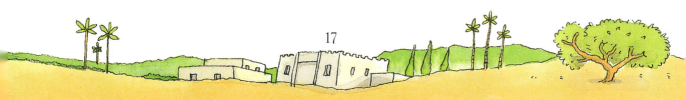

Jesus wird geboren

gehen und ... und ihn anbeten, so wie er es verdient." Doch das war eine Lüge, denn Herodes wollte keinen anderen König neben sich dulden.

Die weisen Männer gingen durch die dunklen Straßen und machten sich auf den Weg nach Bethlehem.

„Es ist wirklich schwierig zu sehen, wo wir hingehen, wenn es so dunkel ist", sagte einer. Er klang etwas besorgt.

„Ich frage mich, warum Herodes so geheimnisvoll getan hat", erwiderte ein anderer.

„Aber seht doch!", rief der Dritte. „Der Stern, dem wir gefolgt sind, zeigt uns den Weg!"

Der Stern führte die Männer zu einem kleinen Haus in Bethlehem. Dort fanden sie Maria, Josef und das Baby. Sie gaben ihm drei Geschenke:

Das schimmernde Gold war ein passendes Geschenk für einen König.

Der kostbare Weihrauch war etwas, das ein Priester beim Gottesdienst verbrennen konnte. Die weisen Männer wünschten sich, dass dieser neue König sie wie ein Priester näher zu Gott bringen würde.

Und die Myrrhe wurde dazu gebraucht, um den Körper eines Königs für sein Begräbnis vorzubereiten. Es war ein Zeichen

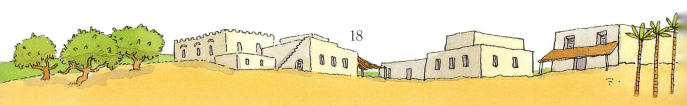

dafür, dass Jesus nicht nur zu seinen Lebzeiten, sondern sogar noch nach seinem Tod herrschen würde.

Die weisen Männer kehrten nicht zu Herodes zurück. Im Traum sahen sie einen Engel, der ihnen sagte, dass Herodes schreckliche Pläne mit dem Baby Jesus hatte. Stattdessen reisten sie auf einem anderen Weg zurück in ihr Land.

Auch Josef wurde im Traum gewarnt. Ein Engel sagte zu ihm: „Du musst fliehen. König Herodes sucht nach dem Kind, weil es ein König werden soll. Bring Maria und das Baby zu einem sicheren Ort weit weg von hier. Geh nach Ägypten und bleibe dort, bis ich dir sage, dass du wieder zurückkehren kannst."

Da floh die kleine Familie, um ihr Leben zu retten.

Jesus wächst heran

Passah in Jerusalem

Lukas 2,41-52

Zwölf Jahre waren vergangen, seit Jesus geboren worden war. Die Familie wohnte inzwischen in Nazareth. Jesus war ein guter Sohn – und er würde bald ein guter Zimmermann sein.

„Jetzt ist er fast schon erwachsen!", seufzte Josef.

Jesus hatte einige Jahre lang die kleine Schule in der Synagoge besucht. Der Rabbi hatte ihm das Lesen beigebracht, und Jesus hatte gelernt, wie man aus den heiligen Schriften vorlas – aus dem Gesetzbuch und den Büchern der Propheten. Nun war er alt genug, um die alljährliche Reise nach Jerusalem mitzumachen. Bisher waren Maria und Josef ohne ihre Kinder mit einer Gruppe von Nachbarn gereist.

Die Reise dauerte mehrere Tage. Sie waren noch nicht in Jerusalem, da sahen sie schon den großartigen Tempel auf dem Berg vor sich. Die Juden glaubten: Dort ist der beste Ort

Passah in Jerusalem

auf der ganzen Welt, um Gott anzubeten. Kurze Zeit später erreichten sie Jerusalem und zogen singend und lachend durch die Stadttore.

Sie wollten das Passahfest in Jerusalem feiern. Bei diesem Fest hörten sie die alten Geschichten wieder und wieder: wie Gott das Volk der Juden aus der Sklaverei befreit hatte. Damals hatte Gott einen Bund mit Israel geschlossen: Sie sollten Gottes Gebote halten, und Gott würde sich immer um sie kümmern.

Als das Fest vorüber war, machten sich Maria und Josef

Jesus wächst heran

und all die anderen Menschen aus Nazareth wieder auf den Heimweg. Sie waren wie eine einzige große Familie.

„Ich habe mit so vielen Menschen gesprochen, dass ich Jesus den ganzen Tag noch nicht gesehen habe", sagte Maria abends zu Josef.

„Ich habe ihn auch nicht gesehen", antwortete Josef. „Wo ist er denn?"

Sie begannen, ihre Verwandten und Nachbarn zu fragen: „Habt ihr Jesus gesehen? Wisst ihr, wo er sein könnte?"

Aber niemand hatte Jesus gesehen! Maria sah Josef an und merkte, dass er genauso besorgt war wie sie.

„Wir müssen zurück nach Jerusalem gehen und ihn dort suchen",

Passah in Jerusalem

erklärten sie den anderen. „Wir müssen Jesus wiederfinden."
Immerhin, Jesus war kein kleines Kind mehr – und vielleicht ging es ihm ja auch gut. Aber vielleicht auch nicht ...

Maria und Josef eilten zurück. Sie gingen noch einmal überall dorthin, wo sie in Jerusalem gewesen waren. Sie fragten alle Menschen, die sie unterwegs trafen. Drei Tage lang suchten sie verzweifelt.

Aber niemand hatte Jesus gesehen.

„Lass uns noch einmal zum Tempel gehen", sagte Josef. „Es sind so viele Menschen dort im Tempelhof."

Und wen fanden sie dort? Jesus. Er unterhielt sich gerade mit einigen wichtigen Rabbis. Sie sprachen über die Bedeutung der heiligen Schriften – über die Gesetze und die Propheten. Die Rabbis waren sehr beeindruckt von dem, was Jesus alles wusste.

Jesus wächst heran

Doch Maria war viel zu aufgeregt, um beeindruckt zu sein. „Warum hast du uns das angetan?", rief sie.

Jesus sah überrascht aus. „Warum habt ihr nach mir gesucht?", antwortete er. „Wisst ihr nicht, dass ich in dem Haus meines Vaters sein muss?"

Maria und Josef schüttelten den Kopf. Mit dieser Antwort hatten sie nicht gerechnet.

Jesus kehrte mit Maria und Josef zurück nach Nazareth und war ein guter und gehorsamer Sohn.

Jesus verlässt Nazareth

Johannes der Täufer

Lukas 3,1-6

Ungefähr dreißig Jahre waren seit der Geburt von Jesus vergangen. Maria erinnerte sich immer noch an die vielen wunderbaren Dinge, die damals geschehen waren, angefangen von der Botschaft des Engels an sie.

Jetzt schien es so, als ob alles, was der Engel damals gesagt hatte, wahr werden würde. Der Sohn ihrer Verwandten Elisabeth, er hieß Johannes, war ebenfalls erwachsen geworden. Er war Prediger geworden und lebte unter freiem Himmel. Mit seinen langen Haaren und dem groben braunen Umhang sah er aus wie ein Prophet aus alten Zeiten.

Viele Menschen kamen, um zu hören, was er zu sagen hatte.

„Bereitet euch vor für Gott! Hört damit auf, schlimme Dinge zu tun! Lebt so, dass es Gott gefällt!", rief Johannes.

„Was meinst du damit?", fragten die Zuhörer. „Was müssen wir tun?"

Johannes der Täufer

„Teilt das, was ihr besitzt, mit Menschen, die nichts haben!", antwortete er. „Betrügt euch nicht gegenseitig und denkt nicht nur an euren eigenen Vorteil, sondern seid ehrlich und gerecht zueinander!"

Einige der Zuhörer redeten untereinander: „Erinnerst du dich, was die heiligen Schriften sagen? Dass Gott eines Tages einen König zu uns senden wird – einen Messias, einen Christus. Denkst du, das könnte dieser Johannes sein?"

Johannes wusste, worüber die Menschen sprachen. „Hört zu!", sagte er. „Wenn sich jemand von euch entscheidet, mit den falschen Dingen aufzuhören, dann werde ich ihn im Fluss Jordan taufen. Aber es gibt einen Größeren als mich, der bald kommen wird. Er wird euch mit Gottes Heiligem Geist taufen."

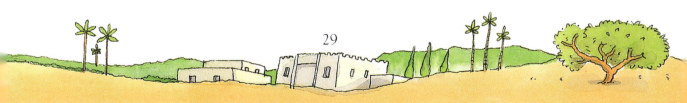

Jesus in der Wüste

Lukas 3,21-22; 4,1-13

Eines Tages kam auch Jesus zu Johannes und fragte ihn, ob er ihn taufen könne. Die beiden gingen an den Jordan und Johannes taufte Jesus. Da kam Gottes Heiliger Geist wie eine Taube auf Jesus herab.

Vom Himmel hörte man eine Stimme: „Du bist mein lieber Sohn. Du bist meine ganze Freude."

Danach ging Jesus allein in die Wüste. Vierzig Tage lang aß er nichts. Als er großen Hunger hatte, kam der Satan und sagte zu ihm: „Wenn du wirklich Gottes Sohn bist, dann kannst du auch Steine in Brot verwandeln."

Jesus antwortete: „In den heiligen Schriften steht: ‚Der Mensch lebt nicht vom Brot allein.'"

Wieder sagte Satan: „Stell dir alle Königreiche der ganzen Welt vor ... und stell dir vor, wie es wäre, wenn du reich und mächtig wärest. Bete mich an, und dann gehören alle Reichtümer der Welt dir!"

„Nein", antwortete Jesus, „die heilige Schrift sagt: ‚Bete allein Gott an, niemanden sonst.'"

Dann zeigte der Satan ihm Jerusalem: „Schau es dir an!

Spring vom höchsten Punkt des Tempels herab. Wenn du wirklich Gottes Sohn bist, dann werden die Engel kommen und dich retten."

Wieder sagte Jesus: „Nein, in den heiligen Schriften steht: ‚Du sollst Gott nicht auf die Probe stellen.'"

Da verließ der Satan ihn.

Jesus in der Synagoge
Lukas 4,14-30

Kurz nach seiner Taufe kehrte Jesus nach Galiläa zurück. An einem Sabbath war er in der Synagoge in Nazareth, wo sich die Juden versammelten. Jesus war an der Reihe, etwas aus den heiligen Schriften vorzulesen. Für diesen Tag war ein Abschnitt aus dem Buch des Propheten Jesaja vorgesehen.

„Der Geist Gottes liegt auf mir", las Jesus vor. „Denn er hat mich auserwählt, um gute Nachrichten zu den Armen und Verlassenen zu bringen."

Alle hörten aufmerksam zu und sahen Jesus an. Er las den Abschnitt zu Ende, setzte sich hin und sagte: „Heute sind diese Worte wahr geworden."

„Was meinst du damit?", fragten die anderen. „Denkst du, du bist der Auserwählte Gottes? Du bist doch Josefs Sohn!"

Die Menschen wurden ärgerlich und drängten sich um Jesus. Sie warfen ihn aus der Synagoge heraus. Dann wurden sie noch wütender. „Kommt, wir stürzen ihn von den Klippen!", schrie einer aus der Menge. Doch Jesus konnte sich aus der Menge befreien.

Von diesem Tag an war er in seiner eigenen Heimatstadt nicht mehr willkommen.

Jesus in Kapernaum

Lukas 4,31-37

Ein Fischer, den Jesus in Kapernaum getroffen hatte, begrüßte ihn herzlich: „In unserer Synagoge bist du willkommen!"

Der Name des Fischers war Simon. Seine Familie besaß ein Boot unten am Hafen. Jede Nacht fuhren sie damit auf den See Genezareth hinaus, um zu fischen. Doch jetzt waren Simon und Jesus auf dem Weg zur Synagoge. Alle waren sehr gespannt darauf, Jesus reden zu hören. Wenn die Pharisäer und Rabbis über Gott und den Glauben sprachen, klang es manchmal so kompliziert. Doch wenn Jesus darüber sprach, dann verstanden alle, worum es ging, und sie wollten mehr über Gott erfahren, um ihm gehorchen zu können.

Plötzlich schrie jemand in der Synagoge sehr laut. Jeder wusste, wer das war: der Mann, der von einem bösen Geist besessen war. Er benahm sich immer so seltsam.

Jesus in Kapernaum

„Was willst du hier, Jesus von Nazareth?", schrie der Mann. „Ich weiß, wer du bist: Du bist der Heilige Gottes!"

Jesus sagte ruhig und bestimmt: „Verlass ihn!"

Und sofort war der Mann geheilt. Der böse Geist hatte ihn verlassen. Als die Menschen an diesem Tag die Synagoge verließen, sprachen sie über nichts anderes, und die Neuigkeit breitete sich in der Stadt und weit darüber hinaus aus.

Die Neuigkeiten verbreiten sich

Lukas 4,38-44

Jesus kehrte von der Synagoge zu Simons Haus zurück. Simons Schwiegermutter lag krank im Bett.

„Sie hat Fieber", flüsterte Simons Frau. „Es geht ihr sehr schlecht. Sie braucht sehr viel Ruhe."

Jesus sah die alte Frau an. Er befahl dem Fieber: „Verlass sie!"

Die Neuigkeiten verbreiten sich

Die Frau öffnete die Augen und lächelte. „Mir geht es plötzlich viel besser!", sagte sie. „Oh – wir haben Besuch! Ich muss sofort etwas zu essen machen."

Bis zum Abend wusste jeder die Neuigkeiten von Jesus und den Heilungen, die er getan hatte. Eine große Menschenmenge sammelte sich um Simons Haus.

„Ich habe einen Freund mitgebracht, der schon seit vielen Jahren krank ist", erklärte eine Frau.

„Jeder hier hat jemanden mitgebracht, der krank ist", sagte ihr Begleiter.

Durch seine Berührungen heilte Jesus alle, die seine Hilfe brauchten. Am nächsten Morgen stand er früh auf und ging weg. Er wollte allein sein. Doch die Menschen suchten ihn und baten ihn, dass er nach Kapernaum zurückkehren sollte.

„Nicht jetzt", antwortete er. „Es ist nun an der Zeit für mich, dass ich weggehe und auch an anderen Orten predige."

Bald war er in ganz Galiläa bekannt.

Nachfolger und Jünger

Lukas 5,1-11; 6,12-16; 8,1-3

Eines Tages kam Jesus wieder ans Ufer des Sees Genezareth. Sofort sammelte sich eine große Menschenmenge um ihn.

„Vielleicht erzählt er uns von Gott, so wie er es woanders auch getan hat", flüsterten die Menschen.

Sie versuchten, noch näher an Jesus heranzukommen, damit sie ihn besser verstehen konnten.

Jesus bemerkte zwei Boote am Ufer. Die Fischer, denen diese Boote gehörten, waren gerade dabei, ihre Netze auszuwaschen.

Jesus stieg in eines der Boote und rief zu einem Fischer: „Simon, kannst du mich aufs Wasser fahren?"

Simon tat es. Jesus stand an der Reling und predigte zu den Menschen. Jeder konnte ihn gut sehen und verstehen.

Als er mit seiner Predigt fertig war, sagte Jesus zu Simon: „Du und deine Freunde, ihr solltet noch weiter herausfahren, wo das Wasser tief ist, und dort eure Netze auswerfen."

Nachfolger und Jünger

„Das wäre jetzt am Tag doch sinnlos", antwortete Simon. „Wir haben die ganze Nacht gefischt und nichts gefangen."

Jesus sah ihn weiter an.

„Aber wenn du es möchtest, tun wir es", sagte Simon und rief seine Freunde Jakobus und Johannes.

Als sie ihre Netze im tiefen Wasser auswarfen, fingen sie so viele Fische, dass sie sie kaum ins Boot ziehen konnten. Die Fischer waren verblüfft. Woher hatte Jesus gewusst, dass dort so viele Fische waren?

„Macht euch keine Sorgen darüber, was passiert ist", sagte Jesus. „Es ist ein Zeichen, damit ihr besser verstehen könnt. Von jetzt an sollt ihr Menschen fischen, so wie ihr bisher Fische gefangen habt. Ihr sollt mir dabei helfen, den Menschen von Gott zu erzählen.

Jesus verlässt Nazareth

Ihr sollt sie dazu einladen, zu Gott zu kommen und ein Teil seines Königreiches zu werden."

Die Männer waren einverstanden. So wurden vier Fischer die ersten Jünger von Jesus. Es waren Simon (den Jesus „Petrus" nannte) und sein Bruder Andreas, außerdem Jakobus und sein Bruder Johannes.

Kurz danach wählte Jesus weitere acht Männer aus, die seine Jünger wurden: Philippus und Bartholomäus, Matthäus und Thomas, ein weiterer Jakobus, ein weiterer Simon (der war vorher ein Rebell und Kämpfer gewesen!) und zwei Männer, die beide Judas hießen. Einer dieser beiden war als Judas Iskarioth bekannt.

Es gab außerdem noch viele weitere Menschen, die Freunde und Nachfolger von Jesus waren: Maria Magdalena, die er geheilt hatte, folgte Jesus nach. Johanna und Susanna, die beide sehr wohlhabend waren, halfen Jesus mit Geldgeschenken. Wo immer Jesus auch hinkam, fand er viele Unterstützer und Freunde.

Jesus und seine Wunder

Das Loch im Dach

Lukas 5,17-26

Eines Tages, als Jesus predigte, kamen einige Rabbis und andere religiöse Anführer, um ihm zuzuhören. Sie hatten von diesem neuen Prediger gehört und wollten nun herausfinden, was genau er den Menschen sagte.

Gerade an diesem Tag kamen auch ein paar Männer, um Jesus zu treffen. Sie trugen einen Freund, der seine Muskeln nicht bewegen konnte, und sie benutzten seine Schlafmatte als Trage. Sie hofften, dass Jesus ihren Freund heilen könnte.

Als sie das Haus erreichten, in dem Jesus predigte, waren sie bestürzt. Die Menschenmenge war so groß, dass sie noch nicht einmal in die Nähe der Tür gelangten!

„Und jetzt?", fragte einer der Männer. Er klang enttäuscht und verärgert.

„Ich fürchte, wir müssen Jesus ein anderes Mal treffen", sagte der Zweite.

„Aber vielen Dank, dass ihr es wenigstens versucht habt", sagte der Kranke auf der Matte. „Vielleicht wäre ich auch dann nicht geheilt worden, wenn wir Jesus erreicht hätten."

Das Loch im Dach

„Ich glaube, du wärst geheilt worden", sagte der dritte Träger. „Und ich glaube immer noch daran! Hört zu, ich habe eine Idee."

Die meisten Häuser in dem Land hatten ein Flachdach, das als Lagerplatz benutzt wurde. Auf jedes Dach führte eine Treppe. Dorthin gingen die Männer und trugen ihren Freund die Treppe hoch.

„Jetzt müssen wir nur noch ein Loch in das Dach machen", sagte einer der Freunde.

Jesus und seine Wunder

Es war ganz einfach, die Dachziegel wegzuräumen; dann kratzten sie den Mörtel weg, und es dauerte auch nicht lange, bis die Zweige weggebrochen waren, die miteinander verflochten die Dachsparren bildeten. Dann ließen die vier

Das Loch im Dach

Männer behutsam ihren Freund auf seiner Matte hinab, so dass er direkt vor Jesus landete.

Jesus lächelte. Er erkannte: Diese Männer glaubten wirklich, dass er ihrem Freund helfen konnte. Er sagte zu dem Kranken: „Deine Sünden sind dir vergeben, mein Freund."

Die Rabbis und die Pharisäer sahen sich an. *Das stimmt nicht*, dachten sie alle. *Nur Gott allein kann Sünden vergeben.*

Jesus wusste, was sie dachten, und stellte ihnen eine Frage: „Was ist einfacher zu sagen: ‚Deine Sünden sind vergeben' oder: ‚Nimm deine Matte und geh'? Ich werde es euch zeigen."

Er sagte zu dem Kranken: „Steh auf, nimm deine Matte und geh nach Hause!"

Und plötzlich konnte der Kranke, der seine Muskeln nicht bewegen konnte, wieder aufstehen. „Gelobt sei Gott!", rief er.

Alle Menschen waren beeindruckt und verwundert über das, was Jesus getan hatte.

Der Sturm auf dem See

Lukas 8,22-25

Eines Abends gingen Jesus und seine Jünger zum Ufer des Sees Genezareth. Sie stiegen in eines der Fischerboote.

„Lasst uns zum anderen Ufer hinüberfahren", sagte Jesus.

Die Jünger lösten die Taue und setzten die Segel. Jesus war müde. Schon bald war er fest eingeschlafen.

Plötzlich änderte sich das Wetter. Ein heftiger Wind blies von den Hügeln herab, und die leichten Wogen auf dem See wurden zu großen Wellen. Das Boot schwankte hin und her.

„Passt auf!", schrie einer der Jünger. „Wir müssen das Segel einholen!"

Einige Jünger kämpften mit dem Segel. Die anderen begannen eilig, Wasser aus dem Boot zu schöpfen.

„Wir schaffen es nicht!", schrien sie. „Durch die Wellen schwappt mehr Wasser ins Boot, als wir herausschöpfen können!"

Der Sturm auf dem See

Einer rannte zu Jesus und schüttelte ihn. „Meister, Meister! Ist es dir egal, dass wir gleich untergehen?"

Jesus setzte sich auf. Er sah seine Freunde an und blickte dann hinaus in den Sturm. Er stand auf.

„Seid ruhig!", sagte er zu den Wellen.

Jesus und seine Wunder

„Hör auf!", sagte er zu dem Wind.

Und so schnell, wie der Sturm begonnen hatte, war er auf einmal vorbei.

Jesus sah die Männer an. „Wo ist euer Glaube?", fragte er sie.

Der Sturm auf dem See

Sie wussten nicht, was sie sagen sollten. Langsam zogen sie das Segel wieder hoch und hängten es in die sanfte Brise. Sie sahen einander mit großen Augen an. Wer war dieser Jesus, dem sie nachfolgten? Wer war er, dass Sturm und Wellen ihm gehorchten?

Jairus und seine Tochter

Lukas 8,40-56

„Dort kommt er zurück! Seht doch, da hinten, mitten auf dem See! Ich bin sicher, das ist das Boot von Jesus."

Am Ufer hatten sich viele Menschen versammelt. Jesus, der schon so viele Wunder getan hatte, war eine Weile fort gewesen; er hatte an anderen Orten gepredigt und geheilt. Viele Menschen warteten ungeduldig auf seine Rückkehr. Auch Jairus. Er war der Vorsteher der örtlichen Synagoge. Verzweifelt boxte er sich seinen Weg durch die Menge. Als er endlich vor Jesus stand, fiel er auf die Knie.

Jairus und seine Tochter

„Bitte komm, so schnell du kannst, zu mir nach Hause!", bat er. „Meine einzige Tochter stirbt!"

Jesus war einverstanden, doch es war fast unmöglich, sich fortzubewegen. Jeder drängelte und schubste und versuchte, so nah wie möglich an Jesus heranzukommen. Da war auch eine Frau in der Menge, die sehr krank war.

Wenn ich nur kurz seinen Mantel berühren kann, dachte sie, *dann werde ich sicherlich gesund.*

Sie streckte sich aus und fühlte kurz den wollenen Umhang von Jesus zwischen ihren Fingern, bevor die Menschenmenge sie wieder zurückdrängte.

Jesus blieb stehen und sah sich um. „Wer hat mich berührt?", fragte er.

„Ich war es nicht", sagte ein junger Mann und zog seine Hände wieder zurück.

„Ich auch nicht", sagte sein Freund und versuchte, einen Schritt zurückzuweichen.

Alle schüttelten den Kopf.

„Meister", sagte Petrus, „wer soll wissen, wer dich berührt hat? Sieh nur, wie viele Menschen hier sind und sich um dich drängen!"

„Irgendjemand hat mich aber berührt", sagte Jesus. „Ich habe gespürt, wie eine Kraft von mir ausgegangen ist."

Nun wusste die Frau, dass sie sich nicht länger verstecken konnte. Sie zitterte vor Angst und Verlegenheit, als sie zugab, dass sie Jesus berührt hatte.

Jesus lächelte. „Dein Glaube hat dich gesund gemacht", sagte er. Und sofort spürte sie, dass Jesus sie geheilt hatte.

Als er weitergehen wollte, kam ein Bote und sprach leise mit Jairus. „Es tut mir Leid, dass ich dir schlechte Nachrichten überbringen muss", sagte er und senkte traurig seinen Kopf. „Deine Tochter ist gerade gestorben. Du musst den Meister nicht länger bemühen."

Jairus begann zu weinen.

„Sei nicht traurig", sagte Jesus zu ihm. „Glaube nur, und sie wird gesund."

Als sie das Haus von Jairus erreichten, hatten sich die Freunde und Nachbarn bereits zum Trauern versammelt. Sie weinten laut.

Jesus und seine Wunder

„Es gibt gar keinen Anlass, so zu weinen", sagte Jesus zu ihnen. „Das Mädchen ist nicht tot – es schläft nur!"

„So ein Unsinn", sagte eine Frau. „Wir wissen es doch, wenn jemand tot ist!"

Die anderen Trauernden weinten noch lauter.

Jesus suchte Petrus, Johannes und Jakobus aus. Sie sollten mit ihm kommen. Dann führten die Eltern sie in das Zimmer des Mädchens. Jesus setzte sich auf die Bettkante und nahm die Hand des Mädchens. „Kleines Mädchen, steh auf!", sagte er. Und plötzlich öffnete es die Augen und setzte sich auf.

Jairus und seine Frau klammerten sich aneinander fest, so überrascht waren sie. Vor Freude mussten sie weinen.

Jairus und seine Tochter

„Sie braucht jetzt etwas zu essen", sagte Jesus. „Sorgt gut für sie, aber sagt niemandem, was ihr gesehen habt."

Genug zu essen für fünftausend Menschen

Lukas 9,1-6; 10-17

Die Jünger hatten oft gesehen, dass Jesus viele Wunder tat.

Eines Tages rief er sie zu sich und sagte ihnen, dass er ihnen die Macht geben wollte, selbst Wunder zu tun. Er sandte sie aus in die nahe gelegenen Orte.

Die Jünger entdeckten, dass sie durch die Macht von Jesus in der Lage waren, zu predigen und zu heilen.

Als sie sich alle wieder trafen, beschlossen Jesus und seine Jünger, sich für einige Zeit zurückzuziehen, um allein zu sein. Aber sie schafften es nicht! Obwohl sie an einen einsamen Ort gingen, folgten ihnen viele Menschen.

Jesus sah, wie sehr die Menschen darauf warteten, ihm zuzuhören. Er erzählte ihnen von Gottes Königreich und was es bedeutet, als Gottes Kind zu leben.

Am Abend kamen die Jünger zurück, um mit Jesus zu sprechen. „Du solltest die Menschen jetzt fortschicken, damit sie sich etwas zu essen kaufen und eine Übernachtungsmöglichkeit finden können", sagten sie.

Genug zu essen für fünftausend Menschen

Jesus antwortete: „Gebt ihr ihnen doch etwas zu essen."

Die Jünger schüttelten den Kopf. „Wir haben nur fünf kleine Brote und zwei Fische", sagten sie. „Oder meinst du, dass wir losgehen und etwas zu essen kaufen sollen? Für diese Menge? Es sind ungefähr fünftausend Menschen hier!"

Da sagte Jesus zu ihnen: „Teilt die Menschen in Gruppen von fünfzig Personen ein. Dann seht auf mich."

Die Jünger befolgten seine Anweisungen.

Jesus und seine Wunder

Als sich die Menschen hingesetzt hatten, nahm Jesus die fünf Brote und zwei Fische. Er sah zum Himmel und sprach

Genug zu essen für fünftausend Menschen

ein Dankgebet. Dann teilte er das Essen in Stücke und gab es den Jüngern, damit sie es unter den Menschen austeilten.

Jeder bekam etwas. Als alle satt waren, sammelten die Jünger die Essensreste ein. Es waren zwölf große Körbe voll.

Ein wunderbares Zeichen

Lukas 9,18-20; 28-36

Eines Tages betete Jesus gerade, als seine Jünger zu ihm kamen. Er stellte ihnen eine Frage: „Was sagen die Menschen, wer ich bin?"

Er wusste, dass sich alle Menschen über die Dinge wunderten, die er sagte, und die Wunder, die er tat.

„Einige sagen, dass du Johannes der Täufer bist", sagten die Jünger. „Sie wissen eigentlich, dass König Herodes ihn ermordet hat, weil Johannes ihn für all die bösen Dinge, die er tat, getadelt hat. Trotzdem glauben manche Menschen nun, dass du der auferstandene Johannes bist."

„Andere sagen, dass du ein Prophet aus alter Zeit bist, der wiedergekehrt ist, um unter uns zu leben. Vielleicht bist du Elia, überlegen sie, der Gott in vielen Schwierigkeiten und Gefahren treu geblieben ist."

„Und ihr?", fragte Jesus. „Was glaubt ihr, wer ich wirklich bin?"

Petrus antwortete als Erster. „Du bist Gottes Messias, sein Sohn!", sagte er. „Du bist der versprochene Christus, auf den wir gewartet haben."

Etwa eine Woche nach diesem Gespräch stieg Jesus auf

Ein wunderbares Zeichen

einen Berg, um zu beten. Petrus, Johannes und Jakobus begleiteten ihn. Doch während sie auf Jesus warteten, schliefen sie ein. Als sie wieder aufwachten, erkannten sie Jesus kaum wieder: Sein Gesicht und seine Kleidung leuchteten so hell, als ob sie direkt aus dem Himmel kämen. Bei ihm standen im gleichen himmlischen Licht zwei der größten Propheten aus der alten Zeit: Mose, der den Israeliten die Zehn Gebote von Gott überbracht hatte, und Elia. Als die Propheten gerade wieder ver-

schwanden, rief Petrus: „Wir könnten hier eine Hütte für jeden von euch bauen!"

Er wollte für immer in diesem wunderbaren Licht auf dem Berg bleiben, aber während er noch sprach, verhüllte eine Wolke sie alle. Die Jünger erschraken. Dann hörten sie eine Stimme: „Dies ist mein Sohn, den ich erwählt habe. Hört, was er zu sagen hat!"

Schließlich waren die drei Jünger und Jesus wieder allein.

Wie man Jesus nachfolgen kann

Wie ein kleines Kind
Lukas 9,46-48

Die Jünger hatten alle großen Respekt vor Jesus. Sie wussten, dass er Macht und Autorität von Gott bekommen hatte.

Aber wer unter den Jüngern war der Größte? Diese Frage führte zu einem Streit. Die Jünger waren eifersüchtig aufeinander, und Jesus merkte es. Er winkte ein Kind heran und nahm es auf seinen Schoß. Dann sagte er zu seinen Jüngern: „Wer ein Kind in meinem Namen aufnimmt, der nimmt mich auf. Und wer mich aufnimmt, der nimmt den auf, der mich geschickt hat – Gott selbst. Derjenige unter euch, der bescheiden und demütig ist und sich selbst nicht wichtig nimmt, ist eigentlich der Größte."

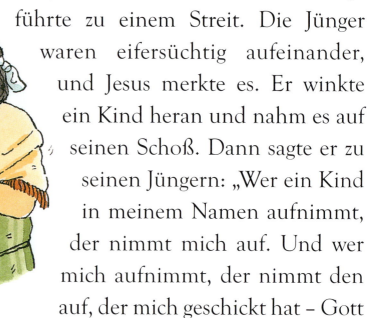

Immer wieder versuchte Jesus, das seinen Jüngern zu

Wie ein kleines Kind

erklären: Niemand von ihnen sollte von sich glauben, dass er wichtiger wäre als ein anderer.

„Der Größte unter euch soll der Kleinste sein", sagte er, „und der, der leiten will, soll den anderen dienen. So wie ich: Das, was ich für euch tue, tue ich wie ein Diener."

Die Folgen überdenken

Lukas 14,25-33

„Wenn ihr mir nachfolgen wollt", sagte Jesus, „sollt ihr mich wichtiger nehmen als alles andere, sogar wichtiger als eure Familie und euer eigenes Leben. Stellt euch vor, ihr wollt etwas bauen – einen Turm zum Beispiel. Das Erste, was ihr tun müsst, ist: Ihr müsst die Kosten überschlagen. Ihr solltet vorher wissen, ob ihr genügend Geld für euer Vorhaben habt. Wenn ihr das nicht tut, dann reicht womöglich das Geld nur, um ein Fundament zu legen! Dann bleibt euer Turm eine Baustelle. Die Nachbarn werden darüber lachen. ‚Seht euch das an', werden sie sagen, ‚dieser Mann hat angefangen, einen Turm zu bauen, aber er kann ihn nicht fertig stellen!'"

Mit diesem Beispiel wollte Jesus deutlich machen: Wer mir nachfolgen will, soll es sich vorher gut überlegen und die

Die Folgen überdenken

Folgen überdenken, bevor er leichtfertig ein Versprechen macht. Ich brauche Nachfolger, die bereit sind, alles für Gott aufzugeben.

Harte Arbeit

Lukas 17,7-10

Jesus sagte seinen Jüngern, dass sie hart arbeiten müssen. Immerhin sind sie Gottes eigene Diener.

„Stellt euch vor, ihr heuert einen Arbeiter an, der euch bei eurer Arbeit helfen soll. Dann schickt ihr ihn los, damit er das Feld pflügen oder die Schafe hüten soll. Wenn er abends zurückkehrt, sagt ihr ihm dann, dass er erst einmal seine eigene Mahlzeit essen soll? Natürlich nicht! Der Arbeiter

Harte Arbeit

hat ja noch keinen Feierabend. ‚Nun mach für mich ein Abendessen und serviere es mir', werdet ihr ihm sagen. ‚Erst danach kannst du selber etwas essen.'

Genauso wie dieser Arbeiter sollt ihr bereit sein, Gott zu jeder Zeit zu dienen. Wenn ihr das getan habt, was man euch aufgetragen hat, sollt ihr sagen: ‚Ich bin ein einfacher Diener, ich habe nur meine Pflicht getan.'"

Bereit zum Zuhören

Lukas 10,38-42

Eines Tages kamen Jesus und seine Jünger in ein Dorf. Dort lebten zwei Schwestern, die mit Jesus befreundet waren. Sie hießen Maria und Martha.

Martha begrüßte Jesus an der Tür. Dann eilte sie los, um alles zu erledigen, was getan werden musste: kehren und putzen, Wasser holen und Essen kochen. Es gab viel zu tun, es durfte keine Zeit verschwendet werden!

Maria setzte sich zu Jesus. Sie wollte alles hören, was er zu sagen hatte. Doch Martha ärgerte sich über ihre Schwester. Sie ging zu Jesus und beschwerte sich: „Ist es dir eigentlich egal, dass meine Schwester die ganze Arbeit mir überlässt? Sag ihr doch, dass sie mir helfen soll!"

Bereit zum Zuhören

Jesus antwortete ihr: „Arme Martha! Du machst dir um so viele Dinge Sorgen, doch eigentlich ist nur eines wichtig. Maria hat es erkannt und sich dafür entschieden."

Jesus zuzuhören war viel wichtiger als all die Arbeit, die Martha so sehr beschäftigte.

Bei einer anderen Gelegenheit sagte Jesus: „Hört mir alle zu: Wenn ihr von der Arbeit und den Sorgen eures Lebens erschöpft seid, dann kommt und folgt mir nach. Ich werde

euch eine andere Art zu leben zeigen. Vertraut mir. Ich verspreche euch, dass es für euch niemals zu schwer sein wird, mir nachzufolgen."

Jesus, der Lehrer

Wirkliches Glück

Lukas 6,20-26

Jesus wollte, dass die Menschen verstehen, wie sehr Gott sie liebt: Seine Liebe schließt jeden ein – sogar diejenigen, die sonst verachtet und übersehen werden.

„Glücklich sind diejenigen von euch, die verachtet werden", sagte er ihnen. „Das Königreich Gottes gehört ihnen.

Glücklich sind die, die voller Sehnsucht sind, denn sie werden das bekommen, was sie brauchen, um ihre Sehnsucht zu stillen.

Wirkliches Glück

Glücklich sind die, die jetzt traurig sind. Gott wird sie segnen, und sie werden sich wieder freuen können.

Glücklich sind diejenigen, die ein schweres Leben führen, weil sie meine Nachfolger sind. Im Himmel werden sie dafür reichlich belohnt.

Hütet euch davor, euer Herz an Geld und Reichtum und Erfolge zu hängen und alles dafür zu tun, um ein bequemes Leben zu führen. Das alles zählt im Himmel nicht, sondern nur noch, ob ihr meine Nachfolger gewesen seid."

Liebt eure Feinde

Lukas 6,27-35

Jesus sagte den Menschen auch, dass sie sich gegenseitig so lieben sollen, wie Gott jeden Menschen liebt.

„Ihr sollt sogar eure Feinde lieben", sagte er seinen Zuhörern. „Tut denen etwas Gutes, die euch hassen, und betet für die Menschen, die euch Böses tun wollen. Wenn euch jemand um etwas bittet, dann gebt es ihm.

Wenn jemand etwas von euren Sachen wegnimmt, dann lasst es ihm. Behandelt die anderen Menschen so, wie ihr auch von ihnen behandelt werden wollt. Sogar die schlimmsten Menschen sind nett zu denjenigen, die nett zu ihnen sind.

Doch ihr sollt noch mehr tun: Liebt eure Feinde und seid

Liebt eure Feinde

gut zu ihnen; leiht ihnen und erwartet nichts zurück. Gott wird euch dafür belohnen.

Ihr sollt genauso freundlich und bereit zum Vergeben sein wie Gott."

Hören und Handeln

Lukas 6,46-49

„Es reicht nicht aus, wenn ihr nur hört, was ich sage", erklärte Jesus. „Ihr müsst mir auch gehorchen.

Stellt euch einen Mann vor, der ein Haus baut. Er setzt die Fundamente auf festen, felsigen Untergrund. Sogar wenn es heftig regnet, so dass der Fluss über die Ufer steigt, ist sein Haus sicher. Nichts kann es zerstören. Wenn ihr meinen Worten gehorcht, dann seid ihr wie dieser Mann. Aber wenn

Hören und Handeln

ihr mir zuhört und nicht das tut, was ich sage, dann seid ihr wie ein Mann, der sein Haus nachlässig baut. Er kümmert sich nicht um feste Fundamente, sondern baut sein Haus in den Sand. Wenn dann der Regen fällt und der Fluss über die Ufer steigt, wird sein Haus davongeschwemmt ... und nichts bleibt davon übrig!"

Die Geschichte vom guten Samariter

Lukas 10,25-37

Eines Tages kam ein wichtiger Pharisäer zu Jesus und fragte ihn: „Lehrer, was muss ich tun, damit ich das ewige Leben bekomme?"

Jesus wusste, dass der Mann ihn in eine Falle locken wollte. Er wollte, dass Jesus etwas Falsches sagte, so dass die Menschen ihm nicht mehr zuhörten.

„Sag mir, was eure heiligen Schriften sagen", forderte Jesus den Mann auf.

„Sie sagen: ‚Liebe Gott mit allem, was dich ausmacht: deinem Herz, deiner Seele, deiner Kraft und deinem Verstand' und weiter: ‚Liebe deinen Nächsten so, wie du dich selbst liebst'."

„Du hast Recht", sagte Jesus.

Die Geschichte vom guten Samariter

Aber der Pharisäer wollte noch eine weitere Frage stellen: „Wer ist denn mein Nächster?"

Jesus antwortete ihm mit einer Geschichte:

„Eines Tages wollte ein Mann von Jerusalem nach Jericho reisen. Doch auf dem Weg wurde er von Räubern überfallen,

Jesus, der Lehrer

die in den Hügeln lebten. Sie schlugen ihn blutig, nahmen ihm alle seine Sachen weg und ließen ihn einfach liegen, damit er sterben sollte.

Nach kurzer Zeit kam ein Priester aus dem Tempel vorbei. Er sah den Verletzten liegen, doch er ging schnell auf die andere Seite des Weges und kümmerte sich nicht um ihn.

Danach kam ein Levit, ein Diener im Tempel. Auch er sah den Verletzten liegen, blieb stehen und sah ihn an. Doch dann eilte er weiter.

Schließlich kam ein Samariter vorbei."

Die Geschichte vom guten Samariter

Der Pharisäer zog eine verächtliche Grimasse. Priester und Leviten waren bei den Juden sehr angesehene religiöse Menschen. Doch die Samariter waren das nicht. Sie waren verachtet.

Jesus erzählte weiter: „Der Samariter sah den Verletzten und empfand großes Mitleid. Er ging zu ihm, säuberte seine Wunden und verband sie. Dann hob er den Mann auf seinen

Esel und brachte ihn zu einem Gasthaus. Dort pflegte er ihn liebevoll.

Am nächsten Tag bezahlte der Samariter dem Gastwirt zwei Silberstücke. ‚Pass gut auf den verletzten Mann auf', sagte er. ‚Wenn du noch mehr Ausgaben hast, dann bezahle ich sie dir, wenn ich wieder vorbeikomme.'"

Jesus wandte sich an den Pharisäer. „Was meinst du, wer

dieser drei Männer hat wie ein Nächster an dem Mann gehandelt, der angegriffen worden war?"

Immer noch sah der Pharisäer verächtlich auf Jesus herab. Doch Jesus hatte kein einziges Wort gesagt, das er hätte kritisieren können.

„Der eine, der ihn versorgt hat", gab er schließlich zögernd zu.

„Dann verhalte dich ebenso", sagte Jesus.

Jesus betet

Lukas 11,1-13

Jesus verbrachte häufig Zeit allein, um zu Gott zu beten.

„Sag uns, wie wir richtig beten können", bat ihn einer seiner Jünger.

Jesus antwortete: „Wenn du beten möchtest, dann geh an einen ruhigen Ort, wo du allein sein kannst. Plappere nicht gedankenlos viele Worte vor dich hin. Gott weiß, was dich beschäftigt. Sprich einfach:

Unser Vater im Himmel,

wir geben deinem Namen Ehre.

Wir wollen, dass dein Königreich bei uns beginnt.

Gib uns jeden Tag das, was wir brauchen.

Vergib uns das, was wir falsch gemacht haben,

und hilf uns, den Menschen zu vergeben,

die falsch an uns gehandelt haben.

Jesus betet

Bewahre uns davor, dass wir dir untreu werden. Dir allein gehört alle Macht für alle Ewigkeit. Amen."

Außerdem ermahnte Jesus die Jünger: „Vergesst nicht zu beten! Stellt euch vor, ein Freund kommt abends spät zu Besuch und ihr habt nichts zu essen im Haus. Ihr werdet zu eurem Nachbarn rennen und an seine Tür klopfen. Doch der antwortet euch: ‚Stör mich nicht mehr! Ich habe bereits alles für die Nacht verriegelt. Meine Familie und ich liegen schon im Bett!'

Aber ihr klopft weiter an die Tür, bis euer Nachbar aufmacht und euch gibt, was ihr braucht.

Jesus betet

So sollt ihr auch zu Gott beten: Bittet, und ihr bekommt eine Antwort. Sucht, und ihr werdet finden. Klopft an, und die Tür wird für euch geöffnet.

Wenn ihr eigene Kinder habt, gebt ihr euren Kindern auch immer das, was sie zum Leben brauchen. Wenn schon ihr Menschen so gut zu euren Kindern seid – wie viel mehr möchte euer himmlischer Vater, der ohne jeden Fehler ist, euch Gutes tun! Er gibt euch sogar das Geschenk des Heiligen Geistes."

Die Geschichte vom verlorenen Schaf

Lukas 15,1-7

Unter den Menschen, die Jesus gerne zuhörten, waren nicht nur angesehene Menschen. Auch Zöllner kamen zu Jesus. Mit ihnen wollte niemand etwas zu tun haben, weil sie für die verhassten Römer die Steuern einsammelten und dabei ihre eigenen Mitbürger betrogen. Die Pharisäer legten sehr viel Wert darauf, dass sie mit den Zöllnern keinen Kontakt hatten.

Die Geschichte vom verlorenen Schaf

„Wenn Jesus wirklich ein Lehrer wäre, der es ernst meint, dann würde er nicht mit den Zöllnern reden!", tuschelten sie untereinander. „Aber er isst sogar mit ihnen – und das macht ihn genauso sündig, wie sie es sind."

Doch Jesus erzählte eine Geschichte:

„Stellt euch vor, ihr hättet eine Schafherde mit 100 Schafen.

Jesus, der Lehrer

Eines Tages merkt ihr jedoch, dass ein Schaf verloren gegangen ist. Ihr habt nur noch 99.

Was tut ihr also? Ihr lasst die 99 Schafe im Stall zurück und macht euch auf die Suche nach dem einen verlorenen.

Und wenn ihr es dann endlich findet, dann seid ihr sehr froh! Die ganzen langen Stunden des Suchens scheinen euch nun unwichtig. Ihr merkt noch nicht einmal mehr, wie müde ihr seid oder dass eure Füße weh tun. Ihr könntet tanzen vor Freude!

Ihr nehmt das Schäfchen auf den Arm und tragt es vorsichtig nach Hause in den Stall. Und wenn ihr es dann im sicheren Gehege habt, dann ruft ihr

Die Geschichte vom verlorenen Schaf

eure Freunde und Nachbarn: ‚Ich habe das Schaf wiedergefunden, das verloren war! Ich bin so glücklich, dass ich feiern will. Kommt alle zu mir – wir feiern ein großes Fest!'

Genauso ist es mit Gott", erklärte Jesus. „Im Himmel ist mehr Freude über einen, der alles Böse bereut und zu Gott kommt, als über 99 andere, die glauben, sie seien bessere Menschen und würden nichts Böses tun."

Die Geschichte vom liebenden Vater

Lukas 15,11-32

Jesus erzählte den Menschen viele Geschichten. Sie sollten dadurch verstehen, wie lieb sie Gott hat.

Einmal erzählte er die folgende Geschichte: Ein Mann hatte zwei Söhne. Er besaß auch einen großen Gutshof, und die Zukunft seiner Söhne war dadurch gesichert. Trotzdem war der jüngere Sohn unzufrieden. Er wollte ein anderes Leben ausprobieren und mehr Spaß haben. „Ich will nicht warten, bis du stirbst, um mein Erbe zu bekommen", sagte er zu seinem Vater. „Ich will es jetzt haben."

Der Vater stimmte zu und gab ihm sein Erbe. So schnell wie möglich verkaufte es der Sohn und nahm das Geld, das

Die Geschichte vom liebenden Vater

er dafür bekommen hatte. Er wollte in einer weit entfernten Stadt leben.

„Jetzt kann ich mir alles leisten, was ich will", sagte er zu sich. Er gab das Geld mit beiden Händen aus.

Währenddessen hatten die Bauern eine schwere Zeit. Die Ernte war missraten. Der Preis für das Essen stieg, und bald wurde auch alles andere teurer. In sehr kurzer Zeit hatte der junge Mann all sein Geld ausgegeben. Er hatte nichts zum Leben übrig.

Bezahlte Arbeit war schwer zu finden. Schließlich fand er

eine Arbeit als Schweinehüter. Er war so hungrig. Am liebsten hätte er das Schweinefutter gegessen.

Als er so dasaß, fasste er schließlich einen Entschluss: „Die Arbeiter meines Vaters leben viel besser als ich hier. Ich will zu meinem Vater zurückkehren und zu ihm sagen: ‚Vater, ich habe mich falsch verhalten und es tut mir sehr Leid. Ich verdiene es nicht mehr, dass du mich wie einen Sohn behandelst, aber lass mich bitte einer deiner Arbeiter sein.'"

Der junge Mann machte sich auf den Heimweg. Er war noch ein ganzes Stück entfernt von zu Hause, als ihn sein Vater kommen sah. „Mein lieber Sohn!", rief er glücklich.

Die Geschichte vom liebenden Vater

Er rannte los, um ihn zu begrüßen, umarmte ihn und küsste ihn.

Der Sohn ließ seinen Kopf hängen. Er entschuldigte sich, wie er es sich vorgenommen hatte. Der Vater rief seinen Arbeitern zu:

„Beeilt euch! Gebt ihm saubere Kleidung und Schuhe. Kleidet ihn so, wie es sich für einen meiner Söhne gehört. Geht und schlachtet das gemästete Kalb: Ich möchte, dass wir die Rückkehr meines Sohnes mit einem großen Fest feiern!"

Jesus, der Lehrer

Der ältere Sohn arbeitete währenddessen auf dem Feld. Als er nach Hause kam, hörte er Musik und Tanz.

„Was ist denn hier los?", fragte er einen Arbeiter.

Als er hörte, dass für seinen leichtlebigen Bruder ein Fest gefeiert wurde, war er ärgerlich. Er rannte wütend zu seinem Vater.

„Ich habe die ganze Zeit für dich gearbeitet!", rief er. „Für mich hast du nie ein Fest gefeiert!"

„Mein Sohn", antwortete der Vater, „alles, was ich besitze, gehört dir. Ich bin ja so froh, dass dein Bruder wieder da ist! Für mich war es so, als ob er tot gewesen wäre, aber jetzt ist er lebendig. Er war verloren, und nun haben wir ihn wiedergefunden."

Der Weg zum Kreuz

Auf dem Weg nach Jerusalem

Lukas 18,35-43

Eines Tages redete Jesus mit seinen zwölf Jüngern. „Es wird Zeit, dass wir zum Passahfest nach Jerusalem reisen. Alles, was die Propheten vorhergesagt haben, wird dort in Erfüllung gehen."

Er redete von seinem Tod und davon, dass er wieder auferstehen würde, aber die Jünger verstanden es nicht.

Der Weg nach Jerusalem führte durch Jericho. Dort saß ein blinder Bettler am Straßenrand. Er hörte, dass viele Menschen unterwegs waren.

Auf dem Weg nach Jerusalem

„Was ist los?", wollte er wissen.

„Jesus von Nazareth kommt!", wurde ihm geantwortet.

Der blinde Mann begann zu schreien: „Jesus, Davids Sohn! Hab Mitleid mit mir!"

Die Menschen sagten ihm, er solle ruhig sein, doch je mehr sie auf ihn einredeten, umso lauter schrie der Bettler.

Jesus blieb stehen und ließ sich zu dem blinden Mann führen.

„Was möchtest du?", fragte er.

„Ich möchte wieder sehen können", antwortete der Mann.

„Dann soll es so sein!", sagte Jesus. „Dein Glaube hat dir geholfen, gesund zu werden."

Und sofort konnte der Mann wieder sehen.

Zachäus

Lukas 19,1-10

Der wichtigste Zöllner in Jericho hieß Zachäus. Wie so viele andere Zöllner damals nahm er den Menschen viel mehr Geld ab als vorgeschrieben. Auf diese Weise war er sehr reich geworden – und sehr unbeliebt.

Zachäus war ein kleiner Mann. Er wollte Jesus sehen, doch das gelang ihm nicht, weil so viele große Menschen vor ihm standen. Entschlossen rannte er zu einem Baum und kletterte hinauf. Als Jesus vorbeikam, sah er zum Baum hinauf. „Komm runter, Zachäus!", sagte er. „Ich möchte dich heute besuchen."

Zachäus war überglücklich. Er kletterte herunter und bereitete für Jesus ein wunderbares Abendessen zu.

Doch die Menschen, die draußen standen, waren ärgerlich. „Jesus sollte so einen niederträchtigen Menschen wie Zachäus nicht besuchen", beschwerten sie sich.

Aber Zachäus änderte sein Leben, weil er Jesus kennen gelernt hatte. Er fasste einen Beschluss: „Die Hälfte von meinem Eigentum will ich den Armen geben, und wenn ich

jemanden von euch betrogen habe, dann will ich ihm die vierfache Summe zurückgeben."

„Heute bist du gerettet worden", antwortete Jesus.

„Ich bin für die Menschen gekommen, die Schuld auf sich geladen haben, damit sie es erkennen und sich ändern können."

Die Ankunft in Jerusalem

Lukas 19,28-48

Jesus wanderte weiter. Als er zum Ölberg kam, der kurz vor Jerusalem liegt, gab er zwei Jüngern Anweisungen, wo sie einen Esel finden konnten. Sie brachten den Esel zu Jesus und legten ihre Mäntel auf den Rücken des Tieres. Jesus

Die Ankunft in Jerusalem

konnte nun nach Jerusalem reiten. Die Menschen waren begeistert und warfen ihre Kleidung auf die Straße, um Jesus einen besonders angenehmen Weg zu bereiten.

Sie riefen: „Gott segne den König!"

Jesus ging zum Tempel. Im Hof des Tempels verkauften Händler Opfertiere für das Passahfest. Andere machten Tauschgeschäfte. Es gab viel Geschrei und Durcheinander.

Jesus sah, was dort passierte, und er wurde wütend. „In den heiligen Schriften steht, dass Gottes Tempel ein Ort des

Der Weg zum Kreuz

Betens sein soll. Ihr habt es in eine Höhle von Dieben und Räubern verwandelt!"

Plötzlich schubste Jesus die Tische um. Die Münzen purzelten über den Boden, und einige der Opfertiere rannten davon. „Geht weg von hier!", schrie Jesus den Händlern zu.

Die Pharisäer waren wütend.

„Was bildet der sich ein?", schnaubte einer. „Will er den Leuten einreden, er sei Gottes auserwählter König?"

„Die Menschen, mit denen er Zeit verbringt, glauben auch den größten Unsinn – es sind Sünder, die nicht nach unseren

heiligen Gesetzen leben. Was dieser Mann sagt, ist eine Schande!", sagte ein anderer.

„Wir müssen ihn loswerden", beschloss der dritte Pharisäer. „Aber wir müssen ihn heimlich festnehmen, wenn die Leute, die ihm ständig hinterherlaufen, nicht dabei sind."

Die Pharisäer waren überrascht, als jemand kam und ihnen genau die Gelegenheit gab, auf die sie gewartete hatten: einer von den Jüngern, Judas Iskarioth. Für eine Summe Geld verriet er ihnen, wo sie Jesus heimlich festnehmen konnten.

Die letzte Mahlzeit

Lukas 22,7-53

Der besondere Tag des Passahmahls war gekommen. Jesus gab Petrus und Johannes Anweisungen für den Raum, in dem sie alles vorbereiten sollten.

Während des Festessens nahm Jesus einen Kelch mit Wein. Er sprach ein Dankgebet und sagte: „Nehmt diesen Kelch und trinkt alle daraus. Ich sage euch, dass ich von jetzt an nichts mehr trinken werde, bis das Königreich Gottes kommt."

Dann nahm er ein Stück Brot. Auch dafür sprach er ein Dankgebet, brach es in kleine Stücke und gab jedem der Jünger eines davon. Er sagte: „Das ist mein Körper, der für euch gegeben ist. Erinnert euch gegenseitig daran, indem ihr das Brot miteinander teilt."

Er gab ihnen auch den Weinkelch nach dem Essen. „Dieser Kelch ist Gottes neuer Bund mit euch", sagte er. „Es ist ein Versprechen, das mit meinem Blut besiegelt wird."

Die letzte Mahlzeit

Kurz darauf schlich sich Judas Iskarioth davon. Die anderen Jünger merkten es nicht, denn sie stritten darüber, wer unter ihnen der Wichtigste und Größte wäre. Wieder einmal musste Jesus sie daran erinnern, dass es darauf gar nicht ankam.

„Jeder von euch wird bald auf die Probe gestellt, ob ihr mir wirklich vertraut und mir bedingungslos nachfolgt", warnte er sie. „Ich habe für dich gebetet, Simon Petrus, dass du an deinem Glauben festhältst."

„Niemals!", rief Petrus überzeugt. „Niemals werde ich dich verraten. Ich würde ins Gefängnis für dich gehen – ja sogar für dich sterben!"

Jesus und die elf Jünger verließen die Stadt und gingen durch ein Tal zum Ölberg. Der ruhige Olivenbaumgarten, der Gethsemane genannt wurde, war ein sicherer Platz für sie, an dem niemand sie bemerken würde.

Allein in der dunklen Nacht, betete Jesus zu Gott: „Vater, nimm dieses Leid von mir!"

Der Weg zum Kreuz

Er wartete und lauschte. Der sanfte Nachtwind raschelte durch die Blätter. Jesus spürte in seinem Herzen, was Gott ihm sagte.

„Vater, ich werde tun, was du möchtest", sagte er.

Die letzte Mahlzeit

Jesus ging zu der Stelle, an der die Jünger auf ihn warteten. Sie waren alle eingeschlafen.

Plötzlich kam auch Judas Iskarioth – mit einer Gruppe von bewaffneten Soldaten und Pharisäern! Er begrüßte Jesus und gab ihm einem Kuss auf die Wange. Und sofort griffen die Soldaten nach Jesus. Es gab eine Rauferei, und Schwerter wurden gezückt ... aber Jesus wollte keinen Kampf. Er wollte keine Gewalt. Stattdessen ließ er sich abführen.

Petrus

Lukas 22,54-62

Petrus war den Soldaten, die Jesus abgeführt hatten, in sicherem Abstand gefolgt. Man hatte ihn zum Hohenpriester gebracht, um ihn zu verhören. Petrus wusste, dass sie Jesus irgendetwas nachweisen wollten, ein Vergehen oder einen Fehler, damit sie ihn verurteilen konnten.

Petrus stand in sicherer Entfernung im Hof des Hauses und wärmte seine Hände am Feuer.

Eine Magd sah ihn. „Dieser Mann war bei Jesus", sagte sie zu den anderen.

Petrus erschrak. „Ich kenne ihn nicht", protestierte er. Die anderen sahen ihn neugierig an.

Etwas später bemerkte ihn ein Mann. „Du da – du gehörst doch auch zu dieser Jesus-Bande, oder?"

„Nein, überhaupt nicht", sagte Petrus kurz angebunden. Der Mann sah ihn skeptisch an. Er schien nicht überzeugt zu sein.

Etwa eine Stunde später kam ein weiterer Mann dazu. „Es besteht überhaupt kein Zweifel daran, dass du einer dieser

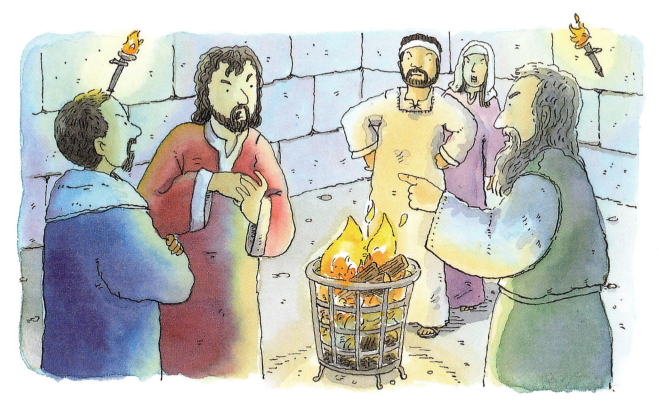

Jesus-Freunde bist", sagte er. „Jeder kann an deinem Dialekt erkennen, dass du aus Galiläa stammst."

„Ich weiß gar nicht, wovon ihr redet!" Petrus wurde wütend. Er ballte seine Hände zur Faust.

In diesem Moment krähte ein Hahn. Die Nacht war vorüber.

Und Petrus erinnerte sich an das, was Jesus ihm gesagte hatte: „Bevor der Hahn kräht, hast du mich dreimal verraten." Da rannte er aus dem Hof und weinte bitterlich.

Verurteilt

Lukas 23,1-5; 13-25

Am folgenden Tag kamen die Pharisäer zusammen, um über Jesus zu reden. „In einer Sache sind wir uns einig", stellten sie fest. „Jesus bringt nichts als Ärger für unser Volk und für unsere Religion. Es wäre wirklich das Beste, wenn wir ihn irgendwie loswerden."

Dazu brauchten sie aber die Unterstützung des römischen Verwalters, Pontius Pilatus. Nur er hatte das Recht, Menschen zum Tod zu verurteilen.

Die Pharisäer brachten Jesus zu ihm. Pilatus wusste nichts von der Religion der Juden, und er verstand auch nicht, warum sich die Pharisäer so aufregten. Trotzdem stimmte er zu, Jesus zu verhören: Immerhin war es seine Aufgabe als Verwalter, sich mit Unruhestiftern zu befassen.

Doch auch als er Jesus befragte, konnte er nichts finden, wofür er die Todesstrafe verdient hätte. Sein Urteil lautete: „Ich würde den Mann auspeitschen und dann gehen lassen."

Verurteilt

Doch inzwischen hatte sich eine Menschenmenge angesammelt: wütende, schreiende Menschen, die von Pilatus verlangten, die Passah-Tradition aufrecht zu erhalten und einen Gefangenen freizugeben.

Pilatus bot an, Jesus freizulassen. Doch die Menge schrie: „Kreuzige ihn, töte ihn! Lass stattdessen lieber Barabbas frei! Wir wollen Barabbas!"

Barabbas saß im Gefängnis, weil er einen Menschen getötet hatte. Pilatus zögerte, doch die Menge schrie immer lauter. Er konnte nicht riskieren, dass sich die Menschen gegen ihn auflehnten.

„Also gut, wie ihr wollt", sagte er. „Macht mit diesem Jesus, was ihr wollt."

Als Judas Iskarioth diese Nachricht hörte, merkte er plötzlich, was er angerichtet hatte, als er Jesus an die Pharisäer verraten hatte. Er wollte nicht länger leben und erhängte sich.

Gekreuzigt

Lukas 23,32-56

Sofort gaben die römischen Soldaten ihre Befehle. Jesus und zwei andere Gefangene sollten früh morgens gekreuzigt werden. Sie wurden zu dem Ort der Hinrichtung geführt. Jeder der Gefangenen schleppte ein Holzkreuz, an dem sie sterben würden. Auf einem Hügel außerhalb der Stadt nagelten die Soldaten Jesus an sein Kreuz. Eine Tafel wurde über ihm aufgehängt, auf der stand: „Das ist der König der Juden."

Doch selbst im Sterben noch sah Jesus die Menschen an, die seine Kreuzigung durchführten, und betete zu Gott: „Vater, vergib ihnen! Sie wissen nicht, was sie tun."

Gegen zwölf Uhr mittags verschwand plötzlich das Sonnenlicht, und für die nächsten drei Stunden blieb es finster. Dann schrie Jesus auf: „Vater, ich lege mich in deine Hände!", und er starb.

Gekreuzigt

Ein reicher Mann namens Joseph, der aus Arimathäa stammte, ging eilig zu Pontius Pilatus. Joseph gehörte zu dem Rat, der Jesus verurteilt hatte, doch er hatte der Verurteilung nicht zugestimmt. Er war ein so wichtiger Mann, dass Pilatus seine Bitte anhörte: „Ich möchte den Leichnam von Jesus mitnehmen und ihn für die Beerdigung vorbereiten."

Pilatus erlaubte es, und Joseph nahm den Leichnam von Jesus vom Kreuz, hüllte ihn in weiße Leinentücher und legte ihn behutsam in ein Felsengrab.

Einige der Frauen, die Jesus nachgefolgt waren, kamen zu

Joseph. „Es ist schon zu spät, um Jesus richtig zu beerdigen", sagten sie. „Es ist Freitag, und der Sabbath beginnt gleich bei Sonnenuntergang. Wir werden am Sonntagmorgen wiederkommen."

Man ordnete an, dass ein großer Stein vor den Eingang des Grabes gerollt wurde. Es wurde Nacht.

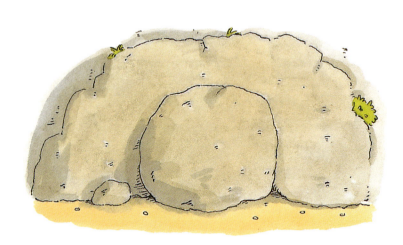

Die Auferstehung

Sonntagmorgen

Lukas 24,1-53

Sehr früh am Sonntagmorgen kehrten die Frauen zum Grab zurück. Sie hatten verschiedene Salben und Öle bei sich, mit denen sie den Leichnam von Jesus für ein würdiges Begräbnis vorbereiten wollten.

„Es wird sehr schwer sein, den großen Stein wegzurollen", flüsterte eine. „Ich hoffe, wir schaffen es."

Doch als sie ankamen, sahen sie, dass der Stein bereits weggerollt war!

„Was ist passiert?" Sie sahen sich bestürzt an. Zitternd gingen sie in das Felsengrab. Dort, auf diesen Stein, war der Leichnam gelegt worden. Doch jetzt – war er weg.

„Wer hat das getan – und warum? Meinst du, es waren Grabräuber? Vielleicht sind sie noch in der Nähe!" Ängstlich sahen sich die Frauen um.

Plötzlich standen zwei Männer in leuchtenden Kleidern vor ihnen.

„Warum sucht ihr Jesus hier bei den Toten?", fragten sie. „Jesus ist nicht hier. Gott hat ihn ins Leben zurückgebracht!"

Jetzt erst erinnerten sich die Frauen. Jesus hatte manchmal davon gesprochen, dass er auferstehen würde. War das Unglaubliche wirklich wahr geworden?

Sie rannten los, um den Jüngern von ihrer Entdeckung zu berichten. Als Petrus die Nachricht hörte, rannte er zum Grab. Waren die Frauen verrückt geworden? Warum erzählten sie solchen Unsinn?

Die Auferstehung

Doch Petrus fand nur ein leeres Grab! Was war passiert? Am gleichen Tag hatten zwei Nachfolger von Jesus Jerusalem verlassen. Sie waren auf dem Weg nach Emmaus, und sie fühlten sich müde, enttäuscht und verlassen. Sie konnten an nichts anderes denken als an Jesus – an seinen grausamen Tod und an die seltsamen Gerüchte wegen seines leeren Grabes.

Während sie unterwegs waren, gesellte sich ein Mann zu ihnen und fragte, worüber sie sprachen.

„Du musst der Einzige in Jerusalem sein, der nicht weiß, was passiert ist!", riefen sie und erklärten ihm alle traurigen Nachrichten.

„All das, was jetzt passiert ist, haben die Propheten unseres Volkes vorhergesagt", antwortete der Fremde. Und als sie weiterwanderten, erklärte er ihnen, was er damit meinte. Die Worte des Fremden klangen überzeugend. Die ganzen traurigen und seltsamen Dinge, die passiert waren, waren Teil von Gottes Plan.

Als die drei Emmaus erreichten, war es schon dunkel.

Sonntagmorgen

„Bleib bei uns", luden die zwei Jünger den Fremden ein.

Während des Abendessens nahm der Fremde das Brot, sprach einen Segen und brach es auseinander.

Da verstanden die Jünger plötzlich: „Jesus!", riefen sie.

Doch gleich war er verschwunden.

Die beiden Jünger rannten sofort zurück nach Jerusalem,

Die Auferstehung

um mit den anderen Jüngern zu sprechen. „Wir haben den Herrn gesehen!", sagten sie. „Die Gerüchte sind wirklich wahr! Hört zu, ihr müsst uns glauben!"

Während sie noch ihre Geschichte erzählten, erschien Jesus den Jüngern. „Friede sei mit euch!", begrüßte er sie.

Dann zeigte er ihnen seine verwundeten Hände und Füße. „Gebt mir etwas zu essen", sagte er. „Ich möchte euch zeigen, dass ich kein Geist bin, sondern wirklich auferstanden."

Sonntagmorgen

Als sie zusammensaßen, erklärte Jesus: „Erinnert ihr euch? Ich habe euch gesagt, dass dem Messias all diese Dinge passieren werden: Er wird leiden und sterben und drei Tage später auferstehen. Nun hat sich das alles erfüllt. Jetzt seid ihr an der Reihe, das weiterzuführen, was ich begonnen habe. Ich möchte, dass ihr überall auf der Welt von Gottes Liebe und Vergebung weitersagt – und dass ihr damit hier in Jerusalem beginnt. Wartet ein wenig, und Gottes Heiliger Geist wird euch den Mut und die Weisheit geben, die ihr braucht."

Jesus führte seine Jünger aus der Stadt heraus. Auf einem Hügel in der Nähe hob er seine Hände und sprach einen Segen.

Die Auferstehung

Dann wurde Jesus in den Himmel aufgenommen. Seine Jünger sahen ihn nicht mehr.

Jesus hatte das getan, was er als Gottes Sohn tun musste. Seine Jünger haben nun die Aufgabe, auf der ganzen Welt Gottes gute Nachricht weiterzuerzählen: dass Gott jeden Menschen liebt, dass jeder ein Kind Gottes werden kann und bei ihm im Himmel ewiges Leben erhält.